LA VÉRITÉ SUR CHUCK NORRIS

Ouvrage publié sous la direction
d'Arnaud Hofmarcher et de Marie Misandeau

Titre original : *The Truth About Chuck Norris: 400 Facts About the World's Greatest Human*
Éditeur original : Gotham Books (Penguin)

Sonatine Éditions
21 rue Weber
75116 Paris
www.sonatine-editions.fr

Ian Spector

LA VÉRITÉ SUR CHUCK NORRIS

Traduit de l'anglais (États-Unis)
par Mona Claro

SONATINE ÉDITIONS

À TOUS CEUX D'ENTRE VOUS qui ont maintenu le site en vie, en particulier les bénévoles (Mike, Brian, Eric, Rob, Alex et tous les autres) qui ont aidé à coder le site Internet et continuent à le faire fonctionner tranquillement.

PRÉFACE

Quand j'étais petit, je sautais toujours les préfaces dans les bouquins d'humour. Je me disais : « Pourquoi faudrait lire ce que l'auteur a à dire ? C'est pas drôle du tout, ce truc. » J'espère qu'aucun d'entre vous n'a la même réaction. Vu que c'est déjà suffisamment facile de copier-coller le contenu de mon site Internet pour remplir le reste de ce livre, j'imagine que ça peut valoir le coup d'expliquer comment tout ça a commencé et ce que j'en pense.

En mars 2005, les masses découvraient *Baby-Sittor*, avec Vin Diesel. Avant ça, certains aimaient son côté gros dur et la plupart le trouvaient ridicule, mais après la sortie du film la majorité des gens a basculé dans le deuxième camp. Sur un des forums de somethingawful.com que je fréquente, les internautes déliraient, sous forme de « petites phrases décalées », sur ce rôle insolite d'officier de la Navy transformé en baby-sitter.

C'était super drôle à lire (et encore plus à imaginer), et j'ai pensé que ça pourrait être marrant d'en compiler des tas sur un site qui les recracherait de manière aléatoire. J'avais acheté un nom de domaine quelques semaines avant, et je me suis dit que c'était l'endroit idéal.

J'ai lancé le site www.4q.cc/vin en modifiant légèrement un générateur aléatoire de citations de hotscripts.com. J'avais posté un lien vers le générateur sur somethingawful.com, et au bout de vingt-quatre heures le site a reçu plus de vingt mille connexions. Le lendemain, j'ai autorisé les gens à soumettre leurs propres phrases et à noter celles qui étaient déjà en ligne. J'ai aussi ajouté des pubs, mais ça ne m'a jamais rapporté tant que ça – assez pour continuer à gérer la chose, mais pas vraiment plus. Le site n'a cessé de gagner en popularité dans les mois suivants. Il était présenté sur des sites connus comme defamer.com, empireonline.com, et espn.com, pour ne citer que ceux-là.

Quand est-ce que Chuck Norris entre en scène, alors ? Pendant l'été 2005, j'ai mis en ligne un sondage pour demander aux gens sur qui devrait porter le prochain générateur de phrases. Il y avait environ douze choix allant du show-biz (Lindsay Lohan, Samuel L. Jackson) à la politique (George Bush, Dick Cheney). Il y avait aussi un espace où les visiteurs pouvaient faire leurs propres suggestions. Après une semaine de sondage, j'ai été surpris de découvrir que les gens avaient été plus nombreux à proposer « Chuck Norris » qu'à voter pour aucun des douze autres. Je ne connaissais pas bien sa carrière, à part *Même pas mal !* et *Walker, Texas Ranger*, et du coup j'ai hésité à en faire ma prochaine victime.

Malgré tout, je me suis lancé à fond dans le «générateur de phrases sur Chuck Norris», avec l'aide précieuse du créateur d'un site similaire sur Bob Saget (aussi étrange que ça puisse paraître). Le site a ouvert pendant l'été 2005 et a mis un peu de temps avant de démarrer. Mais en partie aidés par un lien sur CollegeHumor.com, on en était presque, début 2006, à vingt millions de connexions par mois. C'est ainsi qu'a commencé le phénomène mondial autour de Chuck Norris.

En tant que rédacteur en chef du site, pour ainsi dire, j'ai passé d'interminables heures à galérer avec les centaines de phrases qui étaient postées. Cette tâche m'a familiarisé avec les lacunes du système éducatif américain, vu que je suis tombé sur toutes sortes de structures grammaticales cauchemardesques, depuis les confusions entre «t'es» et «tes» jusqu'aux diverses variantes orthographiques de «sida», en passant par l'usage abusif des points d'exclamation. Finalement, j'ai validé plus de dix mille phrases, et un grand nombre de contrefaçons de mon site (pillage de tout son contenu) sont apparues sur la Toile.

En décembre 2005, j'ai eu pour la première fois l'occasion de rencontrer l'homme en personne. On m'a demandé de participer à l'émission de CNBC, « The Big Idea », avec Donny Deutsch, pour lui expliquer ce qu'on faisait, parce qu'apparemment il n'avait pas tout à fait compris, et je ne lui en veux pas vraiment. Pendant que j'attendais dans le studio, un mec s'est ramené pour m'interviewer et je lui ai demandé : « Ça craint pas d'être obligé de regarder CNBC toute la journée ? » et il m'a juste répondu : « Ton micro est branché, t'es sûr de vouloir parler de ça ? »

Chuck et sa femme Gena étaient invités à l'émission, ce jour-là, pour parler de tonnes de trucs : son livre, son organisation caritative, la prière à l'école. Au bout de vingt minutes, j'ai entendu une voix dans l'oreillette qu'on m'avait posée. C'était le réalisateur : « Salut, Ian... Désolé que ça se termine comme ça mais j'ai bien peur qu'on ne soit obligés de te couper à cause du *timing*. Désolé que t'aies dû te ramener jusqu'ici.» J'aimerais penser que ça n'avait rien à voir avec ma blague sur CNBC.

Quelques semaines plus tard, mon fixe a sonné pendant que j'étais en train de regarder *Lost*. Ma mère m'a crié: «Ian, décroche!» J'ai refusé parce que – et ceux qui regardent *Lost* pourront confirmer – c'est dur de décrocher. Et là elle a crié: «Ian, c'est la femme de Chuck Norris au téléphone.» Bon, évidemment, j'ai mis *Lost* sur pause pendant quelques minutes pour lui parler. Apparemment, la ligue mondiale d'arts martiaux de Chuck allait organiser un combat dans un casino du Connecticut et Chuck voulait que je sois là.

Ce que je pensais être mon dernier jour sur terre s'est transformé en une conversation plutôt intéressante, avec mon père, Chuck, sa femme Gena et le manager et avocat de Chuck, portant sur les origines du site aussi bien que sur l'organisation caritative de Chuck, Kick Start. L'ambiance était bon enfant et Chuck avait l'air amusé par le site et le phénomène « Chuck Norris *facts* ». Mais, par la suite, il m'a envoyé quelques coups de pied circulaires : premières lettres d'avocats puis un procès juste avant Noël 2007, pour empêcher la publication de ce livre. Autant dire que ça ne le fait plus rire et qu'il n'approuve pas ce projet.

En dehors de l'émission de CNBC, il y a eu des tonnes d'autres couvertures médiatiques, dont un super-article dans le *Washington Post*. En tant qu'étudiant de première année, j'étais plutôt impressionné par tout ça. Heureusement, tous les articles sur le site étaient de nature positive, bien qu'il y en ait un qui m'agaçe encore aujourd'hui : « Tu connais celle sur Chuck Norris ? » (3 février 2006, *St Petersburg Time*) de John Barry, « éditeur et député de Floride ». Non seulement ce mec m'a qualifié de *geek*, mais il a aussi écrit ce qui suit à mon propos : « Ian est à l'image de ce qu'il paraît : un gamin de Rhode Island qui étudie le champ suprêmement ésotérique de la "bio-informatique". » Non seulement cet homme s'est trompé à propos de mon État d'origine (je viens de New York), mais il a fait preuve d'ignorance en se moquant d'un champ scientifique légitime et prometteur. J'espérais vraiment mieux de la part d'un éditeur et député de Floride.

À l'apogée du site, je recevais des e-mails de fans du monde entier. C'était un peu troublant de voir que des gens qui travaillaient dans des cabinets d'avocats, des entreprises cotées en Bourse, des grosses chaînes câblées et même au Comité olympique de Londres perdaient leur temps à checker les mises à jour sur mon site au lieu de travailler. Un de ces e-mails venait d'un internaute polonais qui prétendait que Chuck Norris faisait fureur dans son pays. Il ne plaisantait pas. En avril 2006, la deuxième recherche la plus fréquente sur le Google polonais était « Chuck Norris » – la première était « grippe aviaire ». Avril étant aussi le mois de naissance de Chuck, une chaîne de télé polonaise était apparemment en train de mettre au point une émission spéciale en son hommage, et ils voulaient que je vienne parler de lui. Ils m'ont appelé sur mon portable en pleine nuit à une heure pas possible, et un homme dont je serais incapable de prononcer le nom si je m'en souvenais m'a posé trois questions et a enregistré mes réponses. Je n'ai jamais plus entendu parler d'eux, même si j'aurais aimé voir ce qu'ils ont monté.

Je suis passé deux fois sur une station de radio du Minnesota, la deuxième fois avec Chuck en personne. Étant donné la nature de certaines phrases du site, j'avais assez peur de sa réaction, mais il l'a joué à la cool, ce qui montre qu'il est soit un gars super sympa, soit un bon acteur.

C'est au printemps 2006 que j'ai commencé à recevoir des propositions pour un livre tiré du site, mais je les ai refusées parce que je ne savais pas combien de temps ça me demanderait. Ce n'est que fin août que j'ai reçu un e-mail d'un agent de la William Morris Agency, une des meilleures agences pour pratiquement n'importe quoi, qui me demandait si j'envisageais de changer d'avis à propos du livre puisqu'il y avait apparemment plusieurs éditeurs toujours très intéressés. Après avoir lu ce message, je me suis dit qu'un certain nombre de gens voulaient vraiment ce livre et je me suis pris au jeu. En revanche, mes parents, qui défendent tous les deux mes intérêts avec une prudence exagérée, étaient moins enthousiastes. Après une parenthèse de quelques mois, j'ai écrit tout ça en une nuit blanche (c'est hallucinant, tout ce qu'un grand café moka Starbucks peut faire), et voilà.

J'ai eu beaucoup de chance dès le premier jour et je doute de pouvoir jamais en avoir autant, donc, s'il vous plaît, dites à tous vos amis d'aller acheter un exemplaire de ce livre.

Après la diffusion d'un épisode de *Walker, Texas Ranger* en France, les Français se sont rendus à Chuck Norris par précaution.

Ce ne sont pas les armes qui tuent les gens, c'est Chuck Norris.

Chuck Norris est capable de ne manger qu'une chips.

Chuck Norris a tué le pape d'un coup de pied circulaire en pleine poitrine après qu'ils se sont disputés pour savoir si la barbe allait mieux à Jésus ou à Chuck Norris.

Chuck Norris est assez fort pour défoncer une paroi en acier d'un coup de poing mais aussi assez tendre pour endormir un nouveau-né dans ses bras.

Chuck Norris s'est tapé la statue de la Liberté après s'être bourré la gueule et il est allé s'en vanter au Lincoln Memorial.

Quand Chuck Norris saigne, des chênes se mettent à pousser là où son sang a coulé.

Quand on joue à cache-cache avec Chuck Norris, on le trouve.

Chuck Norris est tellement intelligent que Stephen Hawking s'est levé pour lui faire une révérence.

Tu vois le Grand Canyon? Aucun rapport avec Chuck Norris, il est juste allé une fois en vacances là-bas avec sa famille.

Au lieu de venir au monde comme un enfant normal, Chuck Norris est sorti du ventre de sa mère à coups de poing.

Chuck Norris peut mettre cinq boules de billard dans sa bouche.

Chuck Norris est né de l'union des dieux grecs Arès et Hermès lors d'une incroyable séance de sodomie jamais égalée depuis.

De temps en temps, Chuck Norris passe un coup de fil aux Power Rangers juste pour prendre des nouvelles.

Quand Chuck Norris mange des crayons et des feutres au petit déjeuner, il chie des chefs-d'œuvre.

L'Apocalypse a en fait été écrit par Chuck Norris dans un moment visionnaire.

Dans un épisode du *Prince de Bel-Air*, Chuck Norris a remplacé Carlton pendant toute une scène et personne ne s'en est rendu compte.

Un jour, Chuck Norris a fait exploser un avion allemand en le menaçant avec le doigt et en criant: «PAN!»

Chuck Norris peut arrêter le temps pendant deux heures en pensant à des ananas.

Chuck Norris a donné un coup de poing dans le vagin d'une femme qui s'était trompée en lui rendant la monnaie.

Quand il est rasé de près, Chuck Norris émet trois fois la chaleur du soleil.

Chuck Norris a été le premier à apprivoiser un dinosaure.

Chuck Norris ne connaît pas le concept de temps. Si tu vas chez lui, tu ne trouves pas une seule horloge. Si tu demandes à partir parce qu'il se fait tard, il te fixe sans rien dire jusqu'à ce que tu te rassoies.

Un jour, Chuck Norris a ordonné à sa moustache d'encercler un village vietnamien.

Chuck Norris était la seule star à l'affiche de *Walker, Texas Ranger*. Il a joué tous les rôles, même celui de la chaudasse.

Tous les meubles de Chuck Norris sont des appareils de muscu.

Si tu vois Chuck Norris, il te voit. Si tu ne vois pas Chuck Norris, tu es peut-être à quelques secondes de la mort.

Les poils de Chuck Norris sont dix fois plus résistants qu'une toile d'araignée et cinquante fois plus gluants.

Si tu connais une femme avec les dents de travers, tu connais une femme qui a taillé une pipe à Chuck Norris.

Chuck Norris a reçu le prix du Philanthrope juif de l'année. (Sérieusement.)

Chuck Norris est comme vous et moi : il enfile son pantalon une jambe à la fois. Sauf qu'en même temps il combat des Nord-Coréens.

Qui sont les parents de Chuck Norris ? Pouvoir, Justice et Ruse. Oui, tous les trois.

Un jour, Chuck Norris s'est tapé Mona Lisa, c'est pour ça qu'elle sourit.

Contrairement à ce qu'on croit communément, Chuck Norris a été lâché à Hiroshima et Nagasaki.

Un jour, Chuck Norris a été accusé d'hérésie par le pape, mais il s'avère que Chuck Norris est bien en réalité le fils de Dieu.

Le cœur de Chuck Norris bat une fois par semaine.

Le chien de Chuck Norris est dressé à ramasser lui-même ses crottes parce que Chuck Norris ne laisse personne foutre la merde.

Chuck Norris est le meilleur acteur du monde parce que sa moustache est le meilleur coach du monde.

Au Vietnam, le testicule gauche de Chuck Norris est adulé en tant que dieu de l'amour, tandis que son testicule droit est considéré comme un démon cracheur de feu.

Si Chuck Norris et toi avez chacun un dollar, Chuck Norris te casse la gueule et prend ton dollar.

Le rôle d'Alf, dans la série des années 1980 du même nom, était en fait joué par le pénis de Chuck Norris.

Pour prouver que ce n'est pas si difficile que ça de se battre contre un cancer, Chuck Norris a fumé quinze cartouches de cigarettes par jour pendant deux ans et a eu sept types de cancers différents. Il s'en est débarrassé en vingt minutes de musculation. Qu'est-ce que t'en dis, Lance Armstrong?

Chuck Norris se la taperait bien.

Chuck Norris ne sera jamais complètement homme ou femme. Les médecins lui ont demandé ce qu'il préférait. Il leur a montré une pub pour un appareil de muscu.

Si Chuck Norris recevait dix cents pour chaque homme qui n'est pas mort de son coup de pied circulaire, il n'aurait pas une thune.

Chuck Norris vient de pisser dans ton froc.

Chuck Norris a entraîné une horde d'abeilles qu'il garde sous sa barbe pour pouvoir les relâcher à tout moment.

Chuck Norris a inventé les bébés parce qu'il en avait marre de manger toujours la même chose.

L'exportation principale de Chuck Norris est la douleur.

Chuck Norris a créé l'Église d'Angleterre en 1799, à l'époque où on le surnommait « Angleterre ».

Chuck Norris est considéré comme un nombre premier dans certaines écoles de l'Ontario.

Chuck Norris n'a qu'une règle de vie : ne pas se taper d'Asiatiques.

Quand Chuck Norris s'est vu refuser un McMorning parce qu'il était 12h05, son coup de pied circulaire a été si puissant qu'il a transformé le McDonald's en Burger King.

Les crottes de Chuck Norris sont utilisées comme monnaie en Argentine.

Un coup de poing de Chuck Norris dans l'utérus et tu tombes enceinte. N'essaie pas d'avorter, ça ne ferait que rendre le fœtus plus fort.

Chuck Norris se sert d'un serpent à sonnette vivant comme préservatif.

Chuck Norris peut faire jouir une femme rien qu'en la montrant du doigt et en disant : « Prends ça ! »

Chuck Norris n'est pas un homme, il est l'aboutissement de plusieurs siècles d'oppression des Noirs.

Le pénis de Chuck Norris est si grand qu'il déforme toute la structure spatio-temporelle. En effet, des chercheurs ont élaboré une théorie selon laquelle le temps qui passe n'est qu'un sous-produit des érections colossales de Norris. Connue sous le nom de «théorie spatio-temporelle de la grosse bite de Chuck Norris», elle est de plus en plus répandue parmi les physiciens.

Le Syndicat national des entrepreneurs de pompes funèbres a élu Chuck Norris directeur honoraire après qu'il a, à lui seul, augmenté de 300% leur activité commerciale.

Chuck Norris est le seul à pouvoir dire si un avion a atterri quelque part rien qu'en goûtant la terre à cet endroit.

Chuck Norris a inventé l'unité de mesure du mètre. C'était plus facile à dire que: «Salut, je m'appelle Chuck Norris et ma bite mesure cent centimètres.»

La bite de Chuck Norris est si grosse qu'elle a sa propre bite. Et la bite de la bite de Chuck Norris est plus grosse que ta bite.

En Chine, une légende ancienne dit que, un jour, un enfant naîtra d'un dragon et fera disparaître le malheur du pays. Cet homme n'est pas Chuck Norris, mais Chuck Norris a bien tué cet homme.

Chuck Norris a un jour inhalé une mouette.

La Grande Muraille de Chine a été construite sur le modèle des pectoraux de Chuck Norris. Ça explique le grand nombre d'Asiatiques enterrés dans ses murs.

Le conseil de Chuck Norris? Fais-toi pousser la barbe.

Un jour, Chuck Norris a éjaculé de l'or solide dans un fleuve indien, enrichissant les villageois du coin et devenant ainsi un dieu vivant.

Au Yankee Stadium, ils utilisent le prépuce de Chuck Norris comme abri quand il pleut.

Chuck Norris cultive une petite population d'orphelins roux du tiers-monde pour pouvoir faire une récolte à tout moment pour sa barbe.

Si tu demandes à Chuck Norris quelle est sa chanson préférée, il te donne des coups de pied circulaires dans la tête jusqu'à ce que tu le supplies de t'épargner. Et là il te dit que c'est comme de la musique pour lui.

Les larmes de Chuck Norris guérissent le cancer. Dommage qu'il n'ait jamais pleuré.

Chuck Norris avait été élu « futur sauveur de prisonniers de guerre à l'aide de coups de pied retournés » par ses camarades de promo.

Chuck Norris ne croit pas en l'Allemagne.

En plus d'être acteur, de pratiquer les arts martiaux et la poésie, Chuck Norris est aussi un physicien mondialement reconnu. C'est en cette qualité qu'il a eu un jour un désaccord avec Stephen Hawking à propos de la théorie de la création continue. D'où le fauteuil roulant.

À l'enterrement de sa vie de garçon, Chuck Norris a mangé tout le gâteau avant que ses amis aient pu lui dire qu'il y avait une strip-teaseuse à l'intérieur.

Quand la femme de Chuck Norris a laissé cramer la dinde un jour de Thanksgiving, Chuck lui a dit: «T'inquiète pas pour ça, chérie», et il est sorti dans le jardin. Il est revenu cinq minutes plus tard avec une dinde vivante, il l'a mangée en entier et, quand il l'a vomie quelques secondes plus tard, elle était complètement cuite et assaisonnée aux canneberges. Quand sa femme lui a demandé comment il avait fait ça, il lui a donné un coup de pied circulaire dans la tête et a dit: «On ne pose pas de questions à Chuck Norris.»

Chuck Norris déplore le fait que l'Américain moyen ignore que «Walker, Texas Ranger» est une émission de téléréalité non scénarisée.

Chuck Norris n'existe que parce qu'il a frappé un homme si fort que celui-ci a remonté le temps et est tombé amoureux de la mère de Chuck.

Chuck Norris est le seul moyen de contraception efficace à 100%.

Chuck Norris mange tous les râteliers.

Chuck Norris est ceinture Chevignon en karaté.

Bien qu'il ne soit pas officiellement diplomate, Chuck Norris a son propre siège aux Nations unies. Il est entré dans le bâtiment sans faire exprès en 1992 et s'est assis sur le siège réservé au représentant du Danemark, qui a préféré s'asseoir en tailleur par terre plutôt que de prendre le risque de lui demander de partir.

Chuck Norris fait pleurer les oignons.

Chuck Norris peut féconder les femmes rien qu'en leur lançant un regard. Il peut aussi le faire avec les hommes.

Au lieu de s'échauffer avant un entraînement, Chuck Norris se crucifie avant de s'enlever les clous avec les dents.

Chuck Norris mange du charbon et chie des diamants.

Au lieu d'allumer une clope après avoir fait l'amour, Chuck Norris s'en va marquer son troupeau.

Chuck Norris a battu Hulk Hogan à la bataille de Little Big Horn.

Chuck Norris poursuit NBC parce qu'il prétend que « loi » et « ordre » sont les noms de marque déposée de ses jambes droite et gauche[1].

Un jour, Chuck Norris a donné dix litres de son sang. Ensuite, il a gagné le Tour de France sur une échasse sauteuse.

Un jour, Chuck Norris a mangé trois steaks de deux kilos en une heure. Il avait passé les quarante-cinq premières minutes de cette heure à coucher avec la serveuse.

Chuck Norris était le quatrième Roi mage. Il a fait don au petit Jésus de « la barbe ». Jésus l'a portée fièrement jusqu'à sa mort. Les autres Rois mages, jaloux de

1. Jeu de mot sur *Law and Order* (« la loi et l'ordre »), titre original de *New York District*.

Chuck, se sont ligués pour empêcher qu'il soit mentionné dans la Bible. Peu de temps après, ils sont morts à la suite de coups de pied circulaires.

Une fois, Chuck Norris a été le caddy du dalaï-lama. Au lieu de le payer, le dalaï-lama lui a offert la capacité d'atteindre la conscience absolue au moment de sa mort. Manifestement bouleversé par cette proposition, Chuck l'a envoyé d'un coup de pied circulaire au fond d'une crevasse de trois mille mètres de profondeur.

Un jour, Chuck Norris a donné à quelqu'un un coup de pied circulaire si puissant qu'en fait cette personne a rajeuni.

Chuck Norris a l'intention d'assassiner quatre autres leaders noirs américains rien que pour avoir une semaine entière de vacances en janvier.

Une fois, Chuck Norris a fait l'amour à un grizzli pendant quatre heures.

Chuck Norris taille sa barbe avec une baïonnette émoussée.

Chuck Norris a inventé l'expression : « M'approche pas, fils de pute, ou j'te défonce la gueule avec un coup de pied circulaire. » Depuis, on l'a remplacée par : « Le Texas, tu l'aimes ou tu le quittes. »

Il ne pleut jamais sur Chuck Norris.

Chuck Norris peut avaler un Rubik's Cube et le chier résolu.

Le pénis de Chuck Norris a un ongle.

La petite copine de Chuck Norris lui a un jour demandé s'il avait déjà signé un chuck en blanc. Alors, Chuck a crié: «Comment oses-tu faire des jeux de mots en présence de Chuck Norris!» et lui a arraché les cordes vocales. Brandissant les cordes vocales ensanglantées de sa copine, il a hurlé: «On déconne pas avec Chuck!» Deux ans et cinq mois plus tard, il a pris conscience de l'ironie de cette phrase et a éclaté de rire si fort que quiconque se trouvait dans un rayon de mille cinq cents kilomètres est devenu sourd.

L'idée de l'appareil de muscu est venue à Chuck Norris alors qu'il essayait de soulever son pénis en développé-couché. Il s'est rendu compte qu'il avait besoin de commencer avec un poids plus léger pour pouvoir ensuite progresser.

Chuck Norris peut te faire saigner du nez par la force de la pensée.

Chuck Norris a baisé ta femme pendant que t'étais parti en voyage d'affaires. Tant pis pour ta gueule.

Chuck Norris a vendu son âme au diable en échange de sa belle gueule burinée et de ses capacités inégalées en arts martiaux. Peu après avoir finalisé la transaction, Chuck a donné un coup de pied circulaire dans la tête du diable et a repris son âme. Le diable, qui a le sens de l'humour, ne lui en a pas vraiment voulu et a admis qu'il l'avait bien cherché. Maintenant ils jouent au poker chaque deuxième mardi du mois.

Chuck Norris n'est pas Dieu, mais il le bat au golf.

Il est de notoriété publique qu'Ève a été créée à partir d'une côte d'Adam, mais peu de gens savent que Chuck Norris a en fait été créé à partir des parties génitales d'Adam.

Le nombril de Chuck Norris est de type creux. À l'intérieur du nombril de Chuck, il y a un univers alternatif où des milliers de minuscules Chuck Norris s'entraînent à sortir leurs potes d'un camp de prisonniers de guerre viêt-cong.

Certaines personnes aiment leur pizza avec du *pepperoni*. D'autres, avec des champignons. Chuck Norris, lui, prend la Venezuela.

Il faut quatorze marionnettistes pour faire sourire Chuck Norris, mais deux suffisent pour lui faire détruire un orphelinat.

En vacances en Espagne, Chuck Norris a mangé une paella avariée et a chié la plus grosse merde de toute l'histoire de l'humanité. Cette merde est aujourd'hui la France.

Quand Chuck Norris pète, ça sent la brioche encore tiède.

Chuck Norris est si rapide qu'il peut faire le tour du monde en courant et se donner un coup de poing par-derrière.

Chaque cellule du corps de Chuck Norris a sa propre barbe.

Chuck Norris est la réponse à la question: «D'où viennent les bébés?»

Chuck Norris est la raison pour laquelle des trucs moches arrivent à des gens bien.

La nuit, quand il est tout seul, Chuck Norris aime bien porter des pantoufles avec des lapins dessus. De vrais lapins vivants.

Les arcs-en-ciel, c'est ce qui se produit quand Chuck Norris envoie valser Judy Garland d'un coup de pied circulaire.

Si on pose une aiguille de tourne-disque sur le téton de Chuck Norris, on entend *Pet Sounds* des Beach Boys.

Chuck Norris est capable de soulever une montagne au-dessus de sa tête d'une main et de se presser un jus d'orange de l'autre.

Chuck Norris peut recharger un portable rien qu'en le frottant contre sa barbe.

Un sondage récent a démontré que 93 % des femmes pensent à Chuck Norris pendant leurs rapports sexuels. Un sondage annexe a démontré que Chuck Norris pense à Chuck Norris 100 % du temps pendant les siens.

Chuck Norris parle de lui-même à la quatrième personne.

Un jour, Chuck Norris s'est appuyé contre une tour à Pise en Italie.

Il y a trois manières de faire les choses : la bonne, la mauvaise et celle de Chuck Norris. Celle de Chuck Norris, c'est comme la mauvaise, mais avec plus de coups de pied circulaires.

Chuck Norris peut voyager dans le temps en courant à 88 miles/heure.

Les armoiries de la famille de Chuck Norris représentent un barracuda en train de manger Neil Armstrong.

Un jour, Chuck Norris a donné un coup de pied circulaire si puissant que son pied a dépassé la vitesse de la lumière, remonté le temps et tué Saint-Exupéry pendant qu'il survolait l'océan Atlantique.

À chaque fois que Chuck Norris fait une blague, des rires enregistrés sortent de nulle part. Et là, Chuck se tourne vers toi, sourit et lève les deux pouces. Ensuite, tout se fige – même toi, tu es immobilisé. Les rires se transforment alors en musique pendant que le générique se met à défiler comme par magie. Et, pour finir, tout disparaît dans un fondu au noir. Quand tu retrouves la vue et la capacité de bouger, Chuck Norris est introuvable.

La dernière fois que Chuck Norris a donné un coup de pied circulaire à une chienne, elle s'appelait Laïka, et elle tourne toujours.

Chuck Norris a trois anniversaires par an.

Le groupe sanguin de Chuck Norris est KO.

Quand l'incroyable Hulk s'énerve, il se transforme en Chuck Norris.

Chuck Norris n'a pas de globules blancs normaux comme vous et moi. Les siens sont entourés d'un petit anneau noir. Ça signifie qu'ils sont ceinture noire et qu'ils défoncent les virus avec des coups de pied circulaires. C'est pour cela que Chuck Norris n'est jamais malade.

Sur décret présidentiel, à chaque fois que Chuck Norris taille sa barbe, ses poils sont récupérés et enterrés avec les honneurs dus à leur rang.

On n'a jamais vu personne dissimuler aussi bien ses émotions que Chuck Norris. C'est ce qui lui a permis de gagner le championnat mondial de poker en 1983, alors qu'il n'avait qu'un joker, une carte Monopoly « sortie de prison », un 2 de trèfle, un 7 de pique et un 4 vert de Uno.

Chuck Norris pratique des avortements clandestins avec sa barbe.

Les cieux s'ouvrirent, les mers se calmèrent, la terre était immobile. De son ventre, la déesse sortit Chuck Norris, engendré par le soleil, tel un don à l'humanité. Il gisait sur le sol fertile sous le croissant de lune, et une barbe lui poussa aussitôt. La déesse dit à l'enfant d'une voix douce : « Va et distribue des coups de pied circulaires en pleine tête. » Et il en fut ainsi. Sinon, à ses moments perdus, il vend des appareils de muscu et s'habille super classe.

Quand Chuck Norris a une bonne idée, il soulève un monte-charge avec une palette d'ampoules électriques au-dessus de sa tête.

Chuck Norris a étranglé environ quatre cent mille Viêt-congs en 1985.

Chuck Norris ne peut jouir qu'en présence d'une famille de Vietnamiens suppliant qu'on leur laisse la vie sauve.

Là d'où Chuck Norris vient, un coup de pied circulaire dans la tête est l'équivalent d'une poignée de main.

La couille gauche de Chuck Norris a été proclamée dixième planète de la Voie lactée en 1978. Sa couille droite n'est que duc de la Treizième République de Buckingham.

Superman a un pyjama Chuck Norris.

Chuck Norris jure qu'il n'a pas couché avec ta femme. Oui, c'est étrange que tes enfants montrent une certaine affinité pour le feuilleton *Walker, Texas Ranger* et les barbes de trois jours. Non, Chuck Norris ne sait pas pourquoi ta femme ne peut jouir que si tu portes un costume de karaté. Chuck Norris pense que tu poses le genre de questions qu'on pose quand on veut se prendre un coup de pied circulaire dans la tête.

La camionnette de Chuck Norris est recouverte de jean.

Chuck Norris a pris ma virginité et, une chose est sûre, il prendra la tienne aussi. Si tu te dis : « C'est impossible, j'ai déjà perdu ma virginité », tu n'imagines pas à quel point tu te trompes.

Chuck Norris peut râper du parmesan avec sa barbe rousse.

Chuck Norris a affronté Gandhi lors du premier mégachampionnat de combat et a gagné en moins de quinze secondes en écrasant la cage thoracique de Gandhi d'un simple coup de poing. Par la suite, les juges ont remis en question la validité du match, étant donné qu'il avait eu lieu chez Gandhi, pendant son sommeil.

Contrairement aux idées reçues, c'est Chuck Norris, et non pas la pieuvre à anneaux bleus d'Australie orientale, qui est la créature la plus venimeuse du monde. Dans les trois minutes suivant la morsure, un être humain présente les symptômes suivants : fièvre, troubles de la vue, barbe irritée, jean trop serré et la sensation d'être propulsé à travers un pare-brise de manière répétée.

Chuck Norris était régulièrement invité au «Muppet Show», jusqu'à ce que Piggy mange le sandwich de Chuck sans le faire exprès. Beaucoup de Muppets sont morts ce jour-là.

Dans un univers parallèle, le Chuck Norris rasé de près des années 1970 est engagé dans un combat épique avec le Chuck Norris barbu des années 1980-1990. C'est cette lutte qui provoque les aurores boréales.

Chuck Norris a sculpté le mont Rushmore tout seul avec ses dents. Ça lui a pris trente secondes.

Quand tu regardes derrière toi et que les empreintes de pas ne sont pas les tiennes, c'est que Chuck Norris te porte.

Si la Seconde Guerre mondiale a eu lieu, c'est uniquement parce que Chuck Norris faisait la sieste.

Si le coach avait mis Chuck Norris sur la quatrième base, ils auraient gagné la Coupe du monde de base-ball. Aucun doute.

« Rirons » est une anagramme de Norris. Mais il faudrait éviter qu'il l'apprenne.

Chuck Norris a envoyé Franck Costello dans le futur d'un coup de pied circulaire. En 2052, Costello réapparaîtra pour s'écraser sur le pare-brise d'une voiture volante.

Chuck Norris mange des bébés et chie des bérets verts.

Douze animaux ont répondu à l'appel de Bouddha. Les autres ont préféré Chuck Norris.

Chuck Norris était l'un des premiers membres du Wu-Tang Clan, mais il est parti parce qu'ils n'étaient pas assez ghetto.

Chuck Norris a couché avec ta mère et ton père a dit: «Bravo, mec.»

Chuck Norris se gargarise avec de l'antigel.

Chuck Norris peut claquer une porte à tambour.

La barbe de Chuck Norris a un représentant au Sénat.

Un jour, Chuck Norris a lutté en même temps avec un ours, un alligator et un couguar. Il a gagné en les attachant ensemble avec un anaconda.

Chuck Norris met toujours fin à ses relations en disant: « C'est pas moi, c'est toi. »

Le film *Rambo* est inspiré des années de scoutisme de Chuck Norris.

Chuck Norris est tellement fertile que quand il se tape une meuf en Amérique, une autre tombe enceinte en Chine.

En dépit des protestations de son médecin et de sa famille, Chuck Norris s'est mis à boire de l'essence tous les matins. À la surprise générale, il consomme du deux litres et demi au cent.

Les poils pubiens de Chuck Norris sont deux fois plus épais que ceux de sa barbe... mais bien loin d'être aussi dangereux.

Un jour, Chuck Norris a fendu un homme en deux juste pour voir ce qu'il avait mangé à midi.

Une fois, un homme a demandé à Chuck Norris si son vrai nom était Charles. Chuck Norris n'a pas répondu, il s'est contenté de fixer l'homme jusqu'à ce qu'il explose.

La guerre du Vietnam est finie depuis trente ans. Personne ne l'a dit à Chuck Norris.

Alien vs Predator est une mise en scène autobiographique de la première expérience sexuelle de Chuck Norris.

Chuck Norris avait sept enfants. Quatre sont devenus médecins. Les trois autres étaient délicieux.

Un jour, un homme masqué a poignardé Chuck Norris dans une ruelle derrière un hôpital pour enfants. Le couteau a été saigné à blanc.

Un jour, Chuck Norris a cassé Bruce Lee en deux avec un coup de pied circulaire. Le résultat: Jet Li et Jackie Chan.

Chuck Norris possède et gère son propre restaurant à Lubbock, dans le Texas. Les châtaignes sont le seul plat au menu.

Comme avec les poupées russes, si jamais t'arrivais à éventrer Chuck Norris, tu trouverais un autre Chuck Norris à l'intérieur, mais en plus petit et en plus furieux.

Les gènes de Chuck Norris ne sont pas en double hélice mais en fil de fer barbelé.

Quand il va chier, Chuck Norris emporte avec lui sa batte de base-ball, au cas où un lynx sortirait de son anus.

Chuck Norris est capable de se mettre une pièce de vingt-cinq cents dans le cul et de chier une pièce de dix et deux de cinq. L'opération est facturée cinq cents.

Quand Chuck Norris envoie ses impôts, il ne remplit aucun formulaire et se contente de joindre une photo de lui accroupi, prêt à attaquer. Chuck Norris n'a jamais eu à payer d'impôts.

Si un arbre s'écroule au milieu d'une forêt et qu'il n'y a personne dans le coin, vous pouvez être sûr que Chuck Norris l'a entendu.

Quand tu demandes l'heure à Chuck Norris, il répond toujours: «Plus que deux secondes.» Quand tu demandes: «Plus que deux secondes avant quoi?», tu te prends un coup de pied circulaire en pleine tête.

Chuck Norris peut remonter le temps rien qu'en regardant fixement l'horloge et en contractant ses muscles.

En langage des signes, Chuck Norris est symbolisé par un majeur enflammé.

Si tu regardes fixement le drapeau américain pendant suffisamment longtemps, tu vois surgir une image 3D de Chuck Norris.

Un jour, Chuck Norris a tué un homme rien qu'en lui apprenant à aimer.

Chuck Norris a de bonnes raisons de croire qu'en réalité Marie n'était pas vierge.

Un jour, Chuck Norris a descendu l'Everest en luge avant de remonter en sprintant jusqu'au sommet et de s'apercevoir qu'il avait oublié ses moufles.

Il suffit que Chuck Norris te regarde et *pense* à Jésus pour que tu sois immédiatement converti au christianisme.

À l'origine c'était Chuck Norris qui jouait Danny Tanner dans la série *La Fête à la maison*. On l'a remplacé par Bob Saget après un regrettable incident avec l'une des triplées Olsen.

Le Grand Prix hippique a été remporté par Chuck Norris l'année dernière. Il n'a pas eu besoin de cheval.

Jésus a un bracelet «*I Love Chuck*»...

Le plus rapide pour toucher le cœur d'un homme, c'est le poing de Chuck Norris.

Sur tous les crânes de dinosaures qu'on a retrouvés, il y avait une empreinte de santiag taille 49 au niveau de la mâchoire. Les scientifiques sont déconcertés, mais tout le monde a compris.

Chuck Norris a perdu sa virginité avant son père.

Ce n'est pas Chuck Norris qui a une bite de cheval... ce sont les chevaux qui ont une bite de Chuck Norris.

N'essayez jamais de vous faire rembourser un appareil de muscu Chuck Norris. Dans les soixante secondes qu'il faudrait à cette pensée pour pénétrer dans votre esprit, Chuck Norris sera passé à travers votre baie vitrée en rappel, vous aura assené un coup de pied sauté avec double frappe en ciseaux dans la gorge et aura enchaîné en défonçant la rondelle de Paris Hilton sur votre appareil de muscu.

Chuck Norris s'est déguisé en Chuck Norris pour Halloween. Il a eu deux fois plus de bonbons que tout le monde.

Après avoir fait l'amour avec Chuck Norris, de nombreuses femmes ont un écoulement de justice.

Le pénis de Chuck Norris est tellement géant qu'il a son propre coude.

La barbe de Chuck Norris a conquis la Pologne trois fois.

Pendant le tournage d'une scène en décor naturel de *Walker, Texas Ranger*, Chuck Norris a ressuscité un agneau mort-né en frottant sa barbe contre lui de façon prolongée. Juste après, une foule s'est formée et Chuck Norris a brisé la nuque de l'animal d'un coup de pied circulaire pour rappeler une fois de plus à l'équipe que le seigneur Chuck donne, et que le seigneur Chuck reprend.

Quelqu'un a essayé de dire à Chuck Norris que les coups de pied circulaires ne sont pas les coups de pied les plus efficaces. Il s'agit selon les historiens de la plus grande erreur de toute l'histoire de l'humanité.

Chuck Norris donne des cauchemars à Freddy Krueger.

Chuck Norris joue à la pétanque avec les couilles d'Arnold Schwarzenegger.

Si Clint Eastwood a un air de constipé malheureux quand il joue dans un film, c'est parce qu'il sait qu'il est moins bon que Chuck Norris.

Le film *Anaconda* a été tourné dans le pantalon de Chuck Norris.

Chuck Norris a transformé un essai pendant qu'il faisait l'amour.

Une fois, dans un aéroport, un mec a accidentellement appelé Chuck Norris «Fuck Norris». Il a expliqué qu'il n'avait pas fait exprès et s'est répandu en excuses. Chuck a accepté ses excuses et lui a poliment signé un autographe. Neuf mois plus tard, la femme du mec a accouché d'un bébé barbu. Le mec sait très bien ce qui s'est passé et ne peut s'en prendre qu'à lui-même.

Quand Chuck Norris prend le temps, en général il ne le rend pas.

Le premier jour, Dieu a créé les cieux et la terre, puis il a regardé en bas en disant: «Putain, ce serait pas Chuck Norris?»

Chuck Norris s'essuie avec du papier de verre industriel.

Le dernier recours de Chuck Norris, c'est la violence. C'est aussi son seul recours.

Chuck Norris aime ses nanas comme il aime son whisky: douze ans d'âge et trois d'affilée.

Il n'y a pas de menton sous la barbe de Chuck Norris. Il y a un autre poing.

Chuck Norris a battu Méduse au jeu de celui qui doit regarder l'autre dans les yeux le plus longtemps possible.

Un jour, un aveugle a marché sur le pied de Chuck Norris. Chuck a dit: « Tu sais pas qui je suis? Je suis Chuck Norris! » La simple mention de son nom a redonné la vue à l'aveugle. Malheureusement, la première et dernière chose qu'il ait jamais vue fut le coup de pied circulaire fatal de Chuck Norris.

Chuck Norris est un huitième Cherokee. Ça n'a rien à voir avec sa généalogie: ce mec est un putain d'Indien.

Chuck Norris ne parle pas. Les mots qu'il a en tête arrivent jusqu'à son pied et il te les envoie dans le cerveau d'un coup de pied circulaire.

Quand Chuck Norris fait des pompes, c'est pas lui qui se soulève, c'est la terre qui s'abaisse.

L'herbe est toujours plus verte chez le voisin, sauf si Chuck Norris est passé par là. Dans ce cas, l'herbe a toutes les chances d'être recouverte de sang et de larmes.

Une fois, Chuck Norris a eu 20 sur 20 à un contrôle de maths en répondant « violence » à toutes les questions. Chuck Norris résout tous les problèmes par la violence.

Peu de gens savent qu'il n'y a que trois choses qui survivront à l'apocalypse : les cafards, Chuck Norris et la barbe de Chuck Norris.

Un jour, on a fait une anesthésie générale à Chuck Norris, il a cligné les paupières.

Chuck Norris a donné au cancer un coup de pied circulaire si puissant qu'il lui a donné le sida.

Un jour, un gamin a piqué le chapeau de Chuck Norris et s'est enfui dans un verger de pommiers. Chuck Norris a piqué une telle colère qu'il a inventé la compote de pommes sans le faire exprès.

Chuck Norris est capable de créer un rocher tellement lourd que même lui ne peut pas le soulever. Et là il le soulève quand même, juste pour te montrer que Chuck Norris t'emmerde.

Si vous connaissez quelqu'un qui n'aime pas Chuck Norris, ce ne sera bientôt plus le cas.

La Vierge Marie pleure du sang parce qu'elle n'a pas connu Chuck Norris.

Chuck Norris a désintégré la navette spatiale *Challenger.* Quand on lui a demandé pourquoi, il a dit: «Je n'ai jamais épargné un concurrent.»

Chuck Norris aime bien aller visiter des cliniques vétérinaires pour s'amuser. Quand on lui demande s'il a un animal malade, Chuck Norris contracte ses biceps et dit: «Ces pythons sont vraiment malades.» Ensuite, il embrasse ses bras jusqu'à ce que toutes les filles explosent d'une fureur orgasmique.

Chuck Norris ne chasse pas parce que le mot «chasse» implique la possibilité de l'échec. Chuck Norris tue.

Quand le croque-mitaine va se coucher, il vérifie à chaque fois que Chuck Norris ne se cache pas dans son placard.

À chaque fois que la femme de Chuck Norris lui demande gentiment de s'occuper de la vaisselle sale, il la jette à la poubelle et dit à sa femme qu'elle est grosse.

Les panneaux «handicapé» sur les places de parking ne signifient pas que l'emplacement est réservé aux handicapés. En réalité, c'est un avertissement qui prévient que l'emplacement appartient à Chuck Norris et que tu finis handicapé si tu te gares là.

Un jour, Chuck Norris a joué aux Lego. Ça a donné l'Empire State Building.

Quand Dieu et Satan jouent au foot, Chuck Norris leur sert de terrain.

Quand Chuck Norris voudra l'avis d'Al Capone, il le lui donnera.

La dernière fois que Chuck Norris s'est appuyé contre un mur, le communisme est mort.

Si le proverbe «Dis-moi ce que tu manges, je te dirai qui tu es» est vrai, alors Chuck Norris est une combinaison de pneus de *monster truck*, de Godzilla, et de magma des volcans les plus actifs de la planète.

Chuck Norris bouche les toilettes même en pissant.

Chuck Norris aime bien les phrases qui tuent.

Seul l'utérus de Wonder Woman est capable de porter l'enfant de Chuck Norris.

Chuck Norris ne laisse Jackie Chan en vie que parce qu'il aime bien la série des *Rush Hour*.

Chuck Norris mange des cœurs de tigre tous les matins pour la force, la puissance et la sagesse. Il mange des cœurs humains pour le plaisir.

Chuck Norris donne régulièrement du sang à la Croix-Rouge. Mais pas le sien.

Pour survivre à une attaque nucléaire, il est important de rester calme, de respirer l'air qui est près du sol et d'être Chuck Norris.

Tout ce que Chuck Norris veut pour Noël c'est tes deux dents de devant.

Il y a deux catégories de gens en ce bas monde : ceux qui sont Chuck Norris et ceux qui vont mourir.

Chuck Norris se souvient de Fort Alamo, et il n'est pas content.

Chuck Norris a résolu le mystère du triangle des Bermudes en utilisant le théorème de Pythagore.

Dans la Bible, il est dit que Samson a tué mille Philistins avec une mâchoire d'âne. Quand Dieu a demandé à Chuck

Norris ce qu'il en pensait, il a dit: «C'est une manière de faire.» Dieu a ri de la sagesse de Chuck, et dit: «Je savais que tu dirais ça.»

Chuck Norris était censé être le prochain visage sur le mont Rushmore. Malheureusement, le granit n'est pas un matériau suffisamment dur pour reproduire la barbe de Chuck Norris.

Quand Chuck Norris pisse face au vent, le vent change de direction.

Quand il était ado, Chuck Norris a fécondé toutes les nonnes d'un couvent caché quelque part dans les collines toscanes. Neuf mois plus tard, les nonnes ont donné naissance aux Dolphins de Miami de 1972, la seule équipe de toute l'histoire du foot américain qui n'ait jamais connu ni défaite ni match nul.

Chuck Norris est tellement rapide qu'il peut éteindre la lumière de sa chambre et être sous la couette avant qu'il ne fasse noir.

Chuck Norris n'offre pas de cadeaux de Noël. Si tu restes en vie jusqu'à Noël prochain, c'est ton cadeau de Noël de la part de Chuck.

Chuck Norris peigne ses cheveux avec les crocs d'un lion.

Quand Chuck Norris s'entraîne, il transpire le courage.

Chuck Norris donne tous les bénéfices que lui rapportent ses appareils de muscu à son organisation caritative « Les enfants imberbes ».

Un jour, Chuck Norris a commandé un Big Mac chez Burger King, et il l'a eu.

Un jour, Pee-Wee Herman s'est fait arrêter pour s'être masturbé dans un lieu public. Le même jour, Chuck Norris a reçu une récompense pour s'être masturbé dans un lieu public.

Chuck Norris utilise du barbelé comme fil dentaire.

La seule chose que Chuck Norris n'ait jamais perdue, c'est sa virginité.

Quand Chuck Norris couche avec ta femme, c'est le plus beau jour de ta vie.

Récemment, des terroristes ont essayé de détourner le jet privé de Chuck Norris.

Résultat : il a battu le record du monde de la santiag enfoncée le plus profondément dans le cul de quelqu'un.

Dès l'instant où Chuck Norris entre dans une boîte de nuit, on ne voit plus que lui. Un instant, c'est à peu près le temps qu'il faut à Chuck Norris pour tuer une salle bondée.

Quand Chuck Norris prend son pied, même celui-ci est circulaire.

Chuck Norris ne connaît qu'un seul baptême : celui du feu.

Un bon moyen de savoir que vous êtes sur le point d'être attaqué par Chuck Norris, c'est de remarquer que la musique devient plus intense. C'est possible que vous voyiez aussi des ninjas en train de vous mater derrière des arbres et sur des toits. À ce stade-là, la mort est certaine.

Au départ, c'était Chuck Norris qui allait être pris pour le rôle de Jack Bauer dans *24 h chrono*. Les producteurs ont changé d'avis quand ils se sont rendu compte que la série ne durerait que dix-sept minutes.

Chuck Norris parle le braille.

Chuck Norris ne sait pas où tu habites, mais il sait où tu seras enterré.

Il y a deux types de femmes : celles qui veulent coucher avec Chuck Norris et celles qui veulent recoucher avec Chuck Norris.

Un jour, Chuck Norris a fait une attaque. Et il a gagné.

Le moment le plus triste pour un enfant, ce n'est pas quand il apprend que le Père Noël n'existe pas, c'est quand il apprend que Chuck Norris existe.

Un jour, Chuck Norris a visité les îles Vierges. Peu de temps après, elles ont été renommées « les Îles ».

Une fois, Chuck Norris s'est disputé avec Lance Armstrong pour savoir qui avait le plus de testicules. Chuck Norris a gagné. 3-1.

Chuck Norris ne laisse pas de messages. Chuck Norris laisse des avertissements.

Tout le monde sait que la formule magique, c'est « s'il vous plaît ». Comme dans la phrase : « S'il vous plaît, ne me tuez pas. » Dommage que Chuck Norris ne croie pas en la magie.

L'eau bout plus vite quand Chuck Norris la regarde.

Quand Chuck Norris répond au téléphone, il dit juste « Vas-y ». Ce n'est pas pour te donner la permission de parler mais juste le signal que tu peux commencer à courir si tu veux survivre.

La Suisse n'est pas vraiment neutre. Elle attend juste de savoir de quel côté est Chuck Norris.

Ce n'est pas une coïncidence si le tatouage sur le visage de Mike Tyson et les semelles des santiags de Chuck Norris ont le même motif.

Un jour, Chuck Norris a été invité à la « Roue de la fortune » spécial célébrités, et c'était le premier à tourner la roue. Pendant les vingt-neuf minutes restantes de l'émission, tout le monde est resté là l'air gêné à attendre que la roue s'arrête.

Chuck Norris se rase avec une tondeuse à gazon.

Chuck Norris reçoit des spams lui proposant de réduire la taille de son sexe.

Chuck Norris va au travail en Batmobile.

Un jour, Chuck Norris s'est inscrit à un concours de mots croisés. Il a gagné, et le mot « rufon » a dû être ajouté à tous les dictionnaires en tant que synonyme acceptable du mot « odeur ».

Quand il était petit, Chuck Norris aimait les longues promenades sur la plage, surtout à Iwo-Jima et en Normandie.

Un jour, Chuck Norris a battu un rayon laser au 100 mètres.

James Bond a le «permis de tuer», c'est Chuck Norris qui le lui a donné.

Tout ce que touche Chuck Norris ne se transforme pas en or. Mais une barbe y pousse.

Si Chuck Norris était un arbre, ce serait un châtaigner.

On dit que la vérité peut faire mal, mais elle fait carrément plus mal quand elle vient de Chuck Norris.

Quand Chuck Norris te fait un doigt d'honneur, il te montre combien de secondes il te reste à vivre.

Chuck Norris a inventé Internet pour que les gens puissent se dire à quel point il est génial.

Chuck Norris est tellement américain qu'il peut manger de la tyrannie et chier du hamburger.

Quand Chuck Norris regarde la télévision, il zappe sur une seule chaîne.

Chuck Norris a du braille écrit sur ses santiags pour que même les aveugles puissent comprendre ce qui se passe.

Quand Chuck Norris pète, ça se répare pas.

Récemment, pour montrer son patriotisme, le drapeau américain s'est fait un tatouage de Chuck Norris.

Au zoo, les barrières sont faites pour protéger les animaux de Chuck Norris.

Certaines personnes ont un testicule plus gros que l'autre. Les testicules de Chuck Norris sont chacun plus gros que l'autre.

Chuck Norris couche avec chaque femme sur cette terre une fois par mois, en secret. Par la suite, elles saignent pendant cinq jours.

Chuck Norris met des droites aux gauchistes.

Quand Chuck Norris va au ciné, ses copains l'appellent « Au feu ! » parce que c'est plus sûr que de crier « Chuck Norris ! » dans une foule.

Chuck Norris n'a jamais écouté une seule chanson de Céline Dion puisqu'elle continue de chanter.

Quand Chuck Norris veut une salade, il mange un végétarien.

Chuck Norris peut envoyer des fax en passant la main dans sa barbe près d'un téléphone.

Sega a lancé un jeu d'arcade où il faut se battre contre Chuck Norris. À chaque fois qu'on met une pièce, l'écran affiche directement *Game over*. C'est le jeu Sega le plus populaire.

Chuck Norris a battu l'ordinateur IBM Deep Blue aux échecs en trois coups. Il n'avait qu'un pion, un dé à coudre et une dame.

Le pénis de Chuck Norris a son propre code postal. En décembre il reçoit plus de courrier que le Père Noël.

La somme des faces opposées de Chuck Norris fait toujours 7.

Une fois, Chuck Norris a enflammé un pet alors qu'il campait dans la forêt du Sahara.

Chuck Norris a atteint la puberté pendant le second trimestre.

Chuck Norris a été baptisé au napalm.

Chuck Norris a écrit tous les articles de Wikipédia. Dans chaque langue.

Chuck Norris a un pénis tellement long qu'il a été le premier à gagner une médaille olympique en saut à la perche sans utiliser de perche.

Les tétons de Chuck Norris peuvent gravement endommager vos pneus.

Un coup de pied de Chuck Norris peut renvoyer le pet de quelqu'un dans son cul.

Pour Chuck Norris, le verre n'est ni à moitié plein ni à moitié vide, mais toujours empoisonné.

Chuck Norris n'a qu'une main : la mainmise.

La seule raison pour laquelle Chuck Norris n'a pas eu un oscar pour sa performance dans *Sidekicks*, c'est parce que personne de sensé ne donnerait un objet contondant à Chuck Norris de son plein gré. Ce serait du suicide.

Un jour, quelqu'un a parié avec Chuck Norris qu'il n'était pas capable de chier sur le plafond. Michel-Ange lui doit toujours dix dollars.

Dans le rétroviseur de Chuck Norris, les choses apparaissent à leur distance réelle.

Quand Chuck Norris s'est fait opérer, on a anesthésié les médecins.

Une fois, Ozzy Osbourne a arraché avec ses dents la tête d'une chauve-souris. Ne voulant pas être en reste, Chuck Norris a fait la même chose avec Batman.

Un jour, Chuck Norris a ressuscité un homme deux fois et l'a tué trois fois parce que l'homme avait eu l'audace de mourir avant que Chuck Norris ait fini de le tuer.

Le calendrier de Chuck Norris passe directement du 31 mars au 2 avril : personne ne se paie la tête de Chuck Norris.

Bill Gates angoisse constamment, de peur que le PC de Chuck Norris plante.

Chuck Norris a visité le Lincoln Memorial et Abe lui a proposé son siège.

Si Chuck Norris était une femme, il n'aurait pas de règles. Il n'aurait que des lois.

Une fois, Chuck Norris a frappé la foudre.

Rosa Parks a refusé de céder sa place parce qu'elle la gardait pour Chuck Norris.

Quand il était petit, Chuck Norris jouait à saute-hippopotames.

Les fantômes existent parce que Chuck Norris tue les gens trop vite pour que la mort ait le temps de s'en occuper.

Chuck Norris ne perd jamais au Cluedo, même si tout le monde sait que c'est lui l'assassin et que l'arme du crime est son pied.

Avant de monter sur scène, Chuck Norris casse la jambe de quelqu'un pour se porter chance.

Chuck Norris est le seul plongeur olympique de tous les temps ayant reçu une médaille d'or après avoir exécuté un saut à mains nues.

La seule fois où Chuck Norris s'est jamais trompé, c'est le jour où il a cru qu'il avait fait une erreur.

Un jour, Chuck Norris a eu une érection alors qu'il était allongé sur le ventre et il a trouvé du pétrole.

Chuck Norris se nettoie les oreilles avec un fusil de chasse.

Chuck Norris est super sur sa photo de permis de conduire.

Chuck Norris ne porte pas de coquille de protection mais un bazooka.

Un jour, Chuck Norris s'est présenté aux élections législatives au Texas et a gagné les deux sièges.

Les Black Sabbath s'appelaient juste « Sabbath » avant que Chuck Norris ne les fasse cramer.

Quand Chuck Norris avait sept ans, sa maman lui a dit d'aller se faire voir en Chine. Il est parti et revenu trois semaines plus tard avec une ceinture noire second degré de taekwondo.

Quand Chuck Norris joue au golf, ils sont obligés de mettre le trou sur la lune.

Chuck Norris est comme le maïs. Quelle que soit la quantité de merde dans laquelle il se trouve, il ressort toujours en un seul morceau.

Chuck Norris a creusé le canal de Panama avec une seule main.

Chuck Norris va jouer son propre rôle dans le remake de son film.

Une fois, Mr. T. a battu Chuck Norris au morpion. En représailles, Chuck Norris a inventé le racisme.

À l'origine, c'était Chuck Norris qui était sur les billets d'un dollar, mais la barbe n'arrêtait pas de se coincer dans les distributeurs automatiques.

Chuck Norris est né avec deux cordons ombilicaux, un rouge et un bleu. La brigade antiterroriste a coupé le mauvais.

Quand Chuck Norris coupe la parole, la parole saigne.

Chuck Norris a gagné les croisades par KO.

Chuck Norris est végétarien: il ne mange pas d'animaux tant qu'il ne les a pas mis dans un état végétatif.

Parfois, quand il se couche, le soleil s'attarde quelques minutes de plus à l'horizon pour regarder Chuck Norris une dernière fois.

Chuck Norris a mangé un paquet entier de pâtes alphabet et a chié les œuvres complètes d'Edgar Allan Poe.

La version *soft* de Chuck Norris, c'est Superman.

Chuck Norris a plus de façons de te tuer que tu ne connais de façons de mourir.

Chuck Norris a eu le beurre et l'argent du beurre, et maintenant il veut que tu fasses la crémière.

Quand Chuck Norris mange les plateaux-repas dans les avions, c'est bon.

Une fois, Chuck Norris a pressé un M&M's tellement fort entre ses doigts qu'il s'est transformé en Skittle.

On a inventé les *piñatas* dans l'espoir que Chuck Norris arrête de frapper les Mexicains. Malheureusement, ça a eu l'effet inverse : tout ce que ça a changé, c'est que maintenant Chuck Norris cherche des bonbons après avoir frappé ses victimes.

L'amour, ça veut dire que Chuck Norris n'a jamais besoin de s'excuser.

Quand Superman écrase un morceau de charbon, ça donne un diamant. Quand Chuck Norris écrase un morceau de charbon, ça donne un petit Africain qui n'a plus qu'à travailler dans ses mines de diamants.

Un jour, le fils de Chuck Norris a disparu. On l'a retrouvé, deux mois plus tard, dans la barbe de Chuck Norris.

Une fois, Chuck Norris a participé à un concours de pisse à la sortie d'un bar. Son adversaire s'est noyé.

Chuck Norris est l'actuel champion du monde de Pokémon.

Quand il a su que son ami Lance Armstrong avait perdu ses testicules à cause de son cancer, Chuck Norris lui a fait don d'un des siens. Avec seulement l'une des couilles de Chuck, Lance a pu gagner le Tour de France sept fois. D'ailleurs, Chuck a toujours deux testicules : soit il a pu en produire un nouveau en contractant ses muscles, soit il en avait trois au départ. Personne ne sait vraiment.

Un jour, un cobra a mordu Chuck Norris à la jambe. Après cinq jours de douleurs insoutenables, le cobra est mort.

Chuck Norris ne perd jamais à pierre-feuille-ciseaux parce qu'il ne joue jamais à pierre-feuille-ciseaux. Il joue à pierre-feuille-ciseaux-coup de pied circulaire Chuck Norris ne perd jamais à pierre-feuille-ciseaux-coup de pied circulaire.

En grec, « Chuck Norris » se prononce « Zeus ».

Quelque part, en ce moment même, Chuck Norris est en train de bourrer une nana qu'il n'aime pas.

Chuck Norris est entré à l'université grâce à un programme de discrimination positive. Personne n'a rien trouvé à y redire.

En arrivant sur la lune, Neil Armstrong a retrouvé le ballon dans lequel avait shooté Chuck Norris quand il avait six ans.

Le vrai nom de Chuck Norris, c'est Scalpel Sans-Pitié. Il l'a changé pour Chuck Norris parce que ça faisait plus menaçant.

Si tu donnes un cure-dents et un couteau suisse à Mac Gyver, il peut crocheter ses menottes. Si tu donnes à Chuck Norris les mêmes instruments, il peut gagner une guerre, gravir l'Everest et construire un manoir.

Une fois, Chuck Norris a cru qu'il était pris entre deux feux. Il s'est vite rendu compte qu'il se tenait entre deux miroirs.

Un jour, Chuck Norris est venu en patins à roulettes pour se faire embaucher dans une carrière. C'est la pelleteuse la plus puissante qu'on ait jamais connue à ce jour.

Chuck Norris est la seule personne sur terre qui peut te donner un coup de pied dans le visage par-derrière.

Quand Chuck Norris tire son coup, il vaut mieux s'écarter.

N'employez jamais la phrase « Dévore-moi de baisers » en présence de Chuck Norris. Il le fera.

Un jour, Chuck Norris a cassé un miroir sur un chat noir sous une échelle un vendredi 13. Quelques heures plus tard il a gagné au loto.

Dans les commentaires du carnet de notes de CP de Chuck Norris, on peut lire : « M. Norris présente des difficultés relationnelles mais se rattrape au lit. »

Chuck Norris admire et respecte profondément les chamois.

Les djihadistes ont la rage parce qu'ils ne peuvent plus dire à leurs disciples qu'ils rejoindront les soixante-treize vierges au paradis. Maintenant, au mieux ils peuvent se faire soixante-treize femmes qui ont déjà couché avec Chuck Norris.

Chuck Norris dormait pendant le 11 Septembre. Sa chambre était au 73e étage.

Quand Chuck Norris te fusille du regard, il est trop tard.

Quand Chuck Norris se regarde dans un miroir, le miroir se brise, parce que même une glace n'est pas suffisamment conne pour se mettre entre Chuck Norris et Chuck Norris.

Un jour, Chuck Norris a ouvert un dic tionnaire, mais l'autopsie n'a rien donné.

L'expression «brûlure d'estomac» a été inventée quand Chuck Norris a donné à quelqu'un un coup de pied circulaire dans le ventre et que son estomac a pris feu.

Un jour, la mort a échappé de peu à Chuck Norris.

Autrefois les hommes ont cru que Chuck Norris tournait autour de la Terre. Aujourd'hui on sait que c'est l'inverse, et que ces imbéciles ont payé le prix fort pour leur ignorance.

Chuck Norris ne dort pas. Il attend.

REMERCIEMENTS

Je remercie bien sûr ma famille. Sans son soutien constant, vous n'auriez pu lire ces lignes.

À mes amis : mon contrat ne me donne droit qu'à dix exemplaires de ce livre et il n'y en a aucun pour vous.

Un grand merci à Charlotte Wasserstein de WMA pour m'avoir branché sur ce nouveau projet et accompagné pendant tout le processus de publication, ainsi qu'à mon éditeur, Patrick Mulligan de Gotham, pour avoir été aussi enthousiasmé par le projet et vu les choses du même œil que moi.

À PROPOS DE L'AUTEUR

Ian Spector est en licence à Brown University, où il étudie les neurosciences et dirige la publication du magazine d'humour du campus. Il a créé le site original du générateur de phrases sur Chuck Norris, lançant ainsi la mode des phrases sur l'acteur. Spector partage son temps entre l'université et Long Island.

À PARAÎTRE

Juin 2010

Anonyme

Le Livre sans nom

Traduit de l'anglais par Diniz Galhos

Vous désespériez de trouver un équivalent littéraire aux films de Quentin Tarantino, de John Carpenter, de Robert Rodriguez ? Lisez *Le Livre sans nom*. À vos risques et périls.

À Santa Mondega, une ville d'Amérique du Sud oubliée du reste du monde, sommeillent de terribles secrets…

Un mystérieux tueur en série y sème la terreur. Le point commun de ses victimes ? Toutes ont lu l'énigmatique « Livre sans nom ».

Un jour cependant, après cinq ans de coma, la seule victime encore vivante du tueur se réveille, amnésique…

Ajoutez à cela deux flics très spéciaux, un tueur à gages sosie d'Elvis Presley, des moines férus d'arts martiaux, des barons du crime, une pierre précieuse à la valeur inestimable, un massacre dans un monastère isolé, quelques clins d'œil à *Seven* et à *The Ring*… et vous obtenez le thriller le plus rock'n'roll et le plus jubilatoire de l'année !

Diffusé anonymement sur Internet en 2007, cet ouvrage aussi original que réjouissant est vite devenu culte. Il a ensuite été publié, d'abord en Angleterre puis aux États-Unis, où il connaît aujourd'hui un succès fulgurant.

Septembre 2010

Mick Brown

Phil Spector, le mur du son

Traduit de l'anglais par Nicolas Richard

Splendeur et décadence d'un génie du rock.

1958. À 18 ans, Phil Spector est au sommet des hit-parades américains. À 22 ans, il est à la tête de son propre label. Tom Wolfe chante les louanges du « premier adolescent millionnaire ». Dans les années qui suivent, Spector va littéralement inventer le son de son époque et incarner mieux que quiconque la musique des années soixante. La liste des artistes avec qui il collabore est impressionnante, des Ronettes aux Beatles, en passant par Ike et Tina Turner, Sonny and Cher, Bob Dylan, Leonard Cohen, les Ramones, etc. Devenu une véritable légende vivante, il va alors peu à peu sombrer dans une réclusion volontaire, où il laissera libre cours à sa folie paranoïaque. Il n'en sortira qu'à l'hiver 2003, pour répondre de l'accusation d'homicide volontaire sur la personne de Lana Clarkson, une jeune comédienne retrouvée morte dans son manoir californien, qui lui vaudra une condamnation à dix-neuf ans de prison.

Mick Brown, qui a recueilli en exclusivité les confessions de Phil Spector après un silence de plus de vingt-cinq ans, retrace dans cette biographie passionnée et passionnante l'incroyable existence de ce génie dérangé du rock. À partir de centaines d'heures d'entretiens avec les principaux protagonistes de cette tragique *success story*, il nous livre bon nombre d'anecdotes inédites et lève le voile sur le destin maudit d'un *bad boy* au talent fou.

Mick Brown est né à Londres en 1950. Journaliste, il a réalisé de nombreux entretiens célèbres avec Salvador Dalí, les Rolling Stones, James Brown, Ravi Shankar, le dalaï-lama, etc. Phil Spector *est son premier livre publié en France.*